I0111634

LE CHANSONNIER

DES VILLES ET DES CAMPAGNES

POISSY. — TYPOGRAPHIE ARBIEU.

LE

CHANSONNIER

DES VILLES

ET DES CAMPAGNES

RECUEIL

DE POÉSIES LYRIQUES

des Auteurs les plus en renom

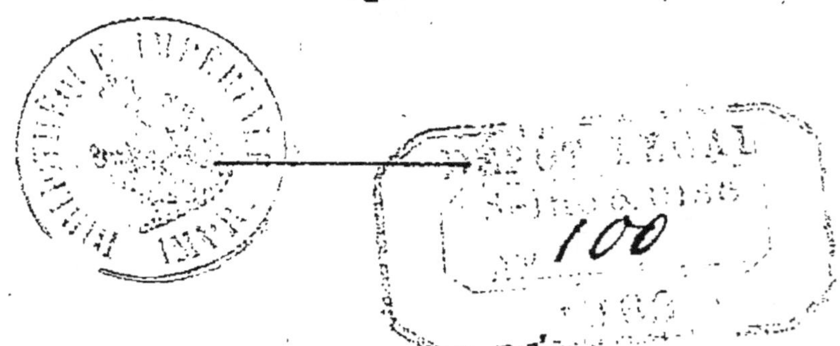

PARIS

RENAULT ET Cie, LIBRAIRES-ÉDITEURS

48, RUE D'ULM

1862

TABLE

DU CHANSONNIER DES VILLES ET DES CAMPAGNES.

LE
CHANSONNIER
DES
Villes et des Campagnes

REVIENS.

ROMANCE.

Air : *Reviens, mon fils* (A. Porte et P. Henrion).

J'étais heureuse auprès de mes compagnes
En folâtrant à travers les buissons.
Si nous chantions, les échos des montagnes
Purs comme nous redisaient nos chansons ;
Un feu sacré, séduisante chimère
Brûla mon âme et l'emplit de douleurs,
C'est qu'un démon se glissa sous les fleurs.
Reviens, Julien, j'ai désolé ma mère.

Nantes, Lyon, Bordeaux, Blois, Tours et Nîmes,
Sont engloutis dans ces débordements.
Que de malheurs, de pertes, de victimes :
O mes amis, que d'ardents dévoûments !

Avec les trésors de la France, etc.

Que de moissons, d'espérances perdues
Sous les efforts du fléau destructeur,
L'œil sonde en vain de vastes étendues
Sans découvrir un asile protecteur ;
Las! rien ne sort de ces torrents qui roulent
A flots pressés sous un ciel sombre et noir,
Que le fracas des maisons qui s'écroulent,
Que les derniers accents du désespoir !

Avec les trésors de la France, etc.

Mon Dieu, voyez ce spectacle qui navre
Nos cœurs brisés par tant d'émotions;
Si chaque flot doit rouler son cadavre,
Qu'avons-nous fait pour tant d'afflictions?
L'heure a sonné des courages sublimes !
Des sauveteurs les travaux surhumains,
Pour le salut, au milieu des abîmes,
Ouvrent partout d'innombrables chemins.

Avec les trésors de la France, etc.

Auguste Alais.

LE LANGAGE DES FLEURS.

Air : *Si les Fleurs parlaient.*

Dans mon jardin j'ai fait ma rhétorique.
Par le laurier j'entrevois la valeur,
Par le safran l'amour mélancolique,
Dans l'œillet rouge une amoureuse ardeur,
Dans la tulipe un tendre badinage,
Et dans l'ortie, utilité, labeur.

Heureux celui qui connaît le langage
Oui, qui connaît (*bis*) le langage des fleurs. } *bis*

A la constance offrons cette immortelle,
Le chèvrefeuille aux doux liens d'amour,
La marguerite à l'amitié réelle
Et le lis pur à tout cœur sans détour;
La violette est le juste apanage
Du vrai mérite éloigné des flatteurs.

Heureux, etc.

Pour le dédain je garde l'œillet jaune,
La fritillaire est pour l'ambitieux,
Pour la jeunesse, ah! voici l'anémone.
Que ce narcisse est bon pour l'orgueilleux!
S'il faut fêter la prévoyance sage,
La balsamine apprête ses couleurs.

Heureux, etc.

A l'amour-propre offrons la giroflée,
L'hortensia reste à l'indifférent,
La fleur d'orange, emblème d'hyménée,
De la candeur scellera le serment ;
Puis, cette rose, au parfumé corsage,
Pour la beauté cette reine des fleurs.

Heureux, etc.

Que la douceur prenne ce laurier-rose,
Amis, laissons ce lierre à l'ingrat,
Cette églantine est pour moi, non, je n'ose...
Mauvais rimeur, nul ne crira: vivat!
Belle amaranthe, oh ! reste mon partage,
Je me souviens des plus moindres faveurs.

Heureux, etc. HALBERT d'Angers.

COLÈRE DE Mme DE FRAMBOISY.

Accourez, écoutez la lamentable histoire,
Venez, filles et femmes et garçons, venez tous;
Accourez, venez tous :
Des larmes vont couler des yeux de l'auditoire
Au récit des malheurs d'un malheureux époux.
Accourez, écoutez,
Ecoutez et pleurez.

Air du *Sire de Framboisy.*

Veille d'un dimanche qu'était un samedi, *bis.*
Femme en colère va chercher son mari. *bis.*

Le trouve à table devant un plat d' rôti,
Faisant bombance avec quelques amis.

Eh bien ! ivrogne, que fais-tu donc ici ?
—Tu vois, ma femm', comme j'ai bon appétit,

Je mang' du veau, plus je bois du chablis.
— Tous les huit jours, ta conduite est ainsi,

Ta paye y passe jusqu'au dernier radis ;
Tudieu ! monsieur, ça n' peut durer ainsi !

Quand j' meurs de faim et tes enfants aussi,
Toi, tu manges tout et rapportes d' l'anis ;

Tu n'as plus rien, et ton dernier habit
N'est pas à toi, tu l'as pris à crédit.

Allons, décampe, et laiss' là tes amis.
Puis ell' l'empoigne par un d' ses favoris,

En l'entraînant comm' ça jusqu'au logis,
Le déshabille et l' fourre dans son lit.

Ell' prend un' cord', puis à bras raccourci
Ell' frapp' dessus jusqu'au lendemain midi :

Il en r'çoit tant que l' pauvre homme est occis.
Plaignez le sort de ce pauvre mari,

Car on l'enterre avec *de profundis*.
De cette histoire la morale la voici :

Il ne faut pas, messieurs, le samedi,
Rester à boire et manger du rôti ;

Mais rapporter votre paye au logis,
C'est le devoir de tous les bons maris.

D'mandez plutôt aux femm's qui sont ici,
N'est-c' pas, mesdam's, qu'il en doit être ainsi?

L. C. Durand.

C'EST L'EMPEREUR QU'EST L' PARRAIN.

CHANT VILLAGEOIS.

A L'OCCASION DU BAPTÊME IMPÉRIAL.

Air de *la Gueule à quinz' pas.*

Ohé! ma Javotte, allons, dépêchons-nous,
Car c'est à Paris grande fête,
Mêts tout c' que t'as d' biau, c'est notr' fête à
L' baptême impérial s'apprête; [trétous.
L' ciel nous a baillé notr' garçon
L' seiz' mars ainsi qu' c' t'y là d' Napoléon.
L' *Moniteur* l'a dit, c'est certain,
L'emp'reur de notr' fiau s'ra l' parrain.

Ils disiont comm' çà, les jaloux de c'pays :
Niquois, t'es pas né pour la chance.
Vont-ils enrager maint'nant, ma foi, tant pis,
J' suis un allié d' la cour de France,
Quand j' passe, on dirait d'un seigneur:
Parfois je m' sens tout bouffi de c't' honneur;
Qui diable aurait dit que le souv'rain
De notr' dernier fiau s'rait l' parrain?

Bientôt j'arriv'rons, Javotte, allong le pas,
Baoûm! c'est l' canon des Invalides,
L' bourdon d'Notre-Dame aussi fait branle-bas,
Ah! ça m' rappelle les Pyramides;
J'étais tambour, et nom d'un nom!
J' n'aurais pas cru que l' grand Napoléon
Aurait un n'veu, puis qu'un matin,
Il s'rait de notr' fiau l' parrain.

Nous v'là z-arrivés, vois partout comm' c'est
V'là t'i' des drapiaux aux fenêtres! [biau,
Javotte, ouvre l'zieux, c'est pour toi du nouviau,
C'est pus flambant qu' nos bals champêtres;
Cré nom! ce soir faut qu'aux lampions
Tous deux notr' fin rigodon je l' pincions,
J' pouvons bien sautiller un brin,
L'Emp'reur de notr' fiau c'est le parrain.

Javotte, ah! jarni! monte sur mes sabots,
Ça t'hauss'ra pour voir le cortége; [mots,
Vois-tu, l'Empereur, c'est l'parrain d'nos mar-
C'est lui, bien vrai que Dieu l' protége!
L'Impératrice, à son côté,
Salue aussi, et cela sans fierté:
C'est là la marraine d' notr' bambin,
L'Emp'reur de notr' fiau c'est l' parrain.

Javotte, à présent, viens au spectacle gratis,
Car l'Emp'reur veut que l'on s'amuse,
Et pour bien fêter le baptême de son fils,
Null' réjouissance n'est exclusе.
S'il fait l'aumône aux malheureux,
S'il veut partout voir les Français joyeux,
Que Dieu le garde, et puis, enfin,
L'Emp'reur de notr' fiau c'est l' parrain.

Plus tard si jamais l'on cherchait du tintoin
A c' bon p'tit prince qu'on baptise,
J'pouss'rai notr' fiau, mais j' dis là dans l' bon
Lui disant: *Marche!* pas d'bêtise, [coin,
Va-t'en sout'nir le nom français,
L'Emp'reur, les lois; ne r'viens pas sans succès;
L'honneur jalonne le chemin,
Suis donc le fils de ton parrain.

Si l'Emp'reur jamais pouvait voir son fillot,
Y t' compliment'rai, ma Javotte,
A toi l' pompon pour bâtir un poulot,
C'est gras et rond comm' une p'lotte!
S'il a besoin d'un franc luron
Pour compléter le plus brave escadron,
Il sera fier, j'en suis certain,
D'en avoir été le parrain.

Le lendemain, nos deux bons villageois,
Le cœur content, plein d'allégresse,
Embrassaient leur fils, et tous deux, à la fois,
Confondaient dans leur douce ivresse
A leurs prières au Créateur
Pour leur enfant, celui de l'Emp'reur,
Vœux et serments, même un refrain,
Et tout en l'honneur du parrain.

L. C. DURAND.

LA CRINOLINE.

Air : *Eteignons les lumières.*

Vive la crinoline!
Ce chef-d'œuvre disgracieux,
O race féminine!
Te grossit à mes yeux.

Grâce à la mode, au nouveau goût,
A l'aiguillon du lucre,
La femme a la forme, après tout,
D'un large pain de sucre;
Le mauvais goût l'inventa,
Le mauvais goût la porta. Vive, etc.

Ce tissu de fil et de crin
Qui sur les reins se groupe,
Croirait-on que nulle ne craint
D'en arrondir sa croupe !
Un fort cheval de brasseur
Pâlirait comme grosseur. Vive, etc

Au bal madame veut aller,
On prend un véhicule;
Mais dans la crainte de fouler
Sa jupe ridicule,
S'il pleut, il faut vous percher
Sur le siége du cocher. Vive, etc.

II

Ce jupon très-dévergondé,
 Quand de lui l'on s'approche,
Par son mouvement saccadé
 A l'aspect d'une cloche;
 Les jambes allant, venant,
 Semblent être le battant. Vive, etc.

A la mode il faudra céder,
 Pauvres propriétaires,
Car si vous voulez posséder
 Des femmes locataires,
 Elargissez grandement
 Les portes d'appartement. Vive, etc.

Une femme au cœur abusé
 Se jette dans la Seine,
Dans l'eau son jupon évasé
 La soutient, la promène :
 En amour il est fort bon
 D'avoir un pareil jupon. Vive, etc.

Les directeurs élargiront
 Tous les fauteuils à stalles,
Au PRIX DES PLACES ils mettront,
 Redoutant les cabales :
 Les jupons de nouveau goût
 Paieront trois places partout. Vive, etc.

Combien d'abus à réformer
 Dans les modes nouvelles;
Femmes, à quoi sert d'abîmer
 Vos grâces naturelles?
 Car les *trois Grâces*, hélas!
 Ne se crinolisaient pas. Vive etc.

Boileau, qui décocha ce trait,
Connaissait son semblable :
Non, rien n'est plus beau que le vrai,
Le vrai seul est aimable;
N'allez pas, sexe moqueur,
Crinoliser votre cœur.

Vive, etc. Gustave LEROY.

LA MEUNIÈRE DE MARLY.

Air du *Réveil-matin.*

La meunière Périnette,
Veuve de vingt ans,
Dans son grand deuil si jeunette,
Flétrit son printemps.
C'est pour la voir qu'à sa meule
On porte du grain :
Mais Périne, toujours seule,
S'enferme au moulin,
Tic, tac, tic. *bis.*
Et Périne toujours seule,
Tic, tac, tin,
S'enferme au moulin.

Tant de tristesse chagrine
Son garde-moulin :
Ecoutez, dame Périne,
Que lui dit Colin :
Conservez plutôt vos charmes
Pour un autre hymen,
Faut-il un ruisseau de larmes
Pour moudre au moulin ? Tic, tac, etc.

A cet appel la meunière
Sent battre son cœur,
Et bientôt, moins casanière,
Sort de sa langueur;
La fleur renaît sur sa tige,
Et, dès le matin,
Plus d'un papillon voltige
Autour du moulin. Tic, tac, tin, etc.

Bien adroite est la coquette,
Et ses amoureux
Tous espèrent sa conquête,
Tous en sont heureux;
Colin seul en devient blême
Et maudit enfin
Ses conseils, celle qu'il aime,
Amour et moulin. Tic tac, tin, etc.

On jase dans le village,
Lui dit le jaloux,
Il faut, si vous êtes sage,
Chercher un époux.
Pourquoi chercher ? dit la belle,
Je l'ai sous la main:
A toi mon amour fidèle,
A toi mon moulin. Tic, tac, tin, etc.

Pour fêter cette hyménée,
On dansa huit jours,
On chanta plus d'une année
Leurs tendres amours ;
Dieu bénit ce couple aimable
Chez qui l'orphelin
Trouve toujours place à table,
Asile au moulin.

Tic, tac, tin, *bis.*
Trouve toujours place à table,
Tic, tac, tin,
Asile au moulin. Mme E. RABINEAU.

MON VIEUX TROIS-MATS.

AIR : *Je chanterai.*

Sur mon vieux Trois-Mâts naviguant sans cesse,
J'ai du monde entier sillonné les mers,
J'ai vu sans amour passer ma jeunesse,
Mon cœur n'a souri qu'au vaste univers;
Que l'ambitieux à l'or porte envie,
Qu'un autre en plaisirs dépense sa vie,
La mer aux flots bleus m'offre plus d'appas,
Moi, je vis heureux sur mon vieux Trois-Mâts.

Sur mon vieux Trois-Mâts, comme en mon do-
Tout marche à ma voix je suis roi du bord[maine
Fi d'un long repos qui cause ma peine,
C'est avec effroi que je vois le port;
J'aime mieux ici ma simple cabine
Qu'un riche salon que l'art illumine.
Méprisant des grands les joyeux ébats,
Moi, je vis heureux sur mon vieux Trois-Mâts.

Sur mon vieux Trois-Mâts, pendant la tempête,
Mon cœur se ranime au feu des éclairs,
Lorsque autour de moi tous courbent la tête,
J'écoute du vent les bruyants concerts,

Pour moi, vieux marin, mystique langage,
Grande voix de Dieu parlant dans l'orage,
Sans craindre à mon bord s'il faut couler bas,
Moi, je vis heureux sur mon vieux Trois-Mâts.

Sur mon vieux Trois-Mâts perdu dans l'espace,
Je vois sans effroi le temps se couvrir,
Rayon fugitif, chaque jour qui passe
Laisse en ma pensée un doux souvenir;
Ma patrie, à moi, c'est la mer immense,
C'est mon vieux Trois-Mâts que le flot balance,
Et quand sonnera l'heure du trépas,
Heureux je mourrai sur mon vieux Trois-Mâts.

Maurice Patez.

REVIENS, MON FILS.

Air: *Reviens, mon fils* (Paul Henrion).

Reviens, mon fils, reviens dans ton village,
Fuis ce Paris où tu vis déplacé,
N'effeuille pas les fleurs de ton jeune âge,
Ton avenir maudirait ton passé;
Cesse de suivre une folle chimère,
Entends, comprends le cri de ma douleur:
Fuis ces plaisirs qui feront ton malheur,
Pour faire, enfant, le bonheur de ta mère.

Reviens mon fils, abandonne Paris,
Viens retrouver le bonheur au pays,
Fuis le malheur, fuis le mépris,
Reviens, mon fils, abandonne Paris.

On me l'a dit, le jeu c'est la ressource;
N'écoute pas ce démon tentateur,
Quand le joueur n'a plus d'or dans sa bourse,
Il ne peut plus jouer que son honneur;
Jouer ainsi, la chance est éphémère,
Au lieu de l'or gagné mal dans un jour,
Viens t'enrichir du grand trésor d'amour
Que le ciel mit dans le cœur de ta mère.

Reviens, etc.

L'amour de l'or n'est pas seul dans ton âme,
Un autre amour existe plus cruel;
Je la connais la belle et jeune femme
Que tu conquis même au prix d'un duel;
Elle, t'aimer! mais, ironie amère!
Son cœur blasé pour t'aimer est trop fier;
Ces doux baisers qu'elle te vend si cher,
Prends-les pour rien sur le front de ta mère.

Reviens, etc.

Pardonne-moi, car ce chagrin m'égare,
Ce sentiment qui m'est tout personnel,
Je le sais bien, la nature sépare
L'amour du cœur et l'amour maternel;
Contre le vice, implacable, sévère,
Es-tu surpris si mon cœur te défend;
Je ne veux pas qu'il vole mon enfant,
Je te dispute à lui... car je suis mère.

Reviens, etc.

Gustave Lero[y]

LES VENDANGES,

OU JEAN RAISIN N'EST PAS MORT.

Air : *C'est le chant des moissonneurs.*

Rondos, chansons et villanelles,
Echos chantants et voyageurs,
Dans les vergers, sous les tonnelles,
Portez la joie aux vendangeurs.
Riches moissons, riches vendanges, *bis.*
Faut faire grande fête aux granges.

L'ami Jean Raisin n'est pas mort,
Il vit encor.

Parés de fleurs, garçons, fillettes,
Dansent au son des tambourins,
Violons, flûtes et musettes
Accompagnent mille refrains ;
De la vieillesse l'œil morose
S'illumine et voit tout en rose.

L'ami Jean Raisin, etc.

Les fronts soucieux se déplissent,
Les yeux chagrins n'ont plus de pleurs
Toutes les coupes se remplissent
De miel, d'ambroisie et de fleurs ;
Caveaux, celliers, fûts et bouteilles
Recèlent cent liqueurs vermeilles.

L'ami Jean Raisin, etc.

En buvant l'amour vagabonde
Par les villes et les hameaux,
Sur ses pas naissent à la ronde
Couples d'hymen, nids de marmots:
L'espoir au cœur plus d'un vieux Jacque
Songe encore à faire ses Pâques.

L'ami Jean Raisin, etc.

Dans les verres le vin pétille,
Du courage il contient l'ardeur,
Au sein de l'honnête famille
Qui vit d'un pénible labeur;
A table, en chantant le dimanche,
Le cœur de l'artisan s'épanche.

L'ami Jean Raisin, etc.

Sous les cieux lorsque tout prospère
Quand le travail chante et sourit,
Jean Raisin est un gai compère
Qu'avec Jean Blé-Mûr on chérit;
Mais qu'un seul jour l'un d'eux s'absente,
Tout dépérit et se lamente.

L'ami Jean Raisin n'est pas mort,
Il vit encor!

Auguste Alais.

LE BERGER DE LA TOURAINE

Air des *Louis d'or* (Pierre Dupont)

Ou de *la jeune fille à l'éventail*

Ou de *Fleur des champs; brune moissonneuse*.

Pas un berger de la Touraine
N'a de moutons comme les miens,
C'est qu'il les faut voir dans la plaine
Respectés même par mes chiens ;
Leur blanche laine est plus soyeuse
Que le plus beau manteau de roi,
Ils rendent mon âme joyeuse
En bondissant autour de moi.

Ah ! vraiment, il n'est rien sur terre,
A mes yeux qui semble si beau ;
A la plus belle je préfère,
Je préfère mon blanc troupeau.

Dans les plus riantes prairies
Je les fais paître chaque jour,
Pour charmer ces bêtes chéries
Je leur chante des airs d'amour ;
Parfois, pour m'entendre, Isabelle
Se cache derrière un ormeau,
J'en ris, car ce n'est pas pour elle
Que résonne mon chalumeau.

Ah ! vraiment, etc.

II

Jamais je ne vais à la danse
Afin de ne les point quitter,
La nuit je me lève en silence
Pour les voir dormir, les compter;
Mais voilà qu'un soir Isabelle
Vint rôder autour de chez nous,
Et je lâche mes chiens sur elle,
La nuit je ne songe qu'aux loups.

Ah! vraiment, etc.

On dit qu'Isabelle m'adore,
J'y réfléchirai quelque jour;
Je puis même, si ça l'honore,
Accepter sa main en retour;
Mais s'il est très-vrai qu'en ménage
On partage tout entre époux,
Je dis bonsoir au mariage,
De mes moutons je suis jaloux.

Ah! vraiment, etc.

Mme Ernestine Rabineau.

BRUNE ET BLONDE.

Air de *Valentin*.

J'ai fait choix d'une maîtresse,
Brune aux séduisants contours,
Elle cause mon ivresse
Et possède mes amours;

Elle est pleine de tendresse
Et souvent me met en train.
(*Appelez.*) Mathurin ! (*Répondez.*) Mon parrain !

Presse, presse
Ma maîtresse,
Je te permets ce larcin,
Ah ! ah ! Mathurin ;
Presse, presse
Ma maîtresse,
Ah ! ah ! Mathurin,
Presse-la jusqu'à la fin.

Ma blonde fut infidèle :
Un jour me trouvant trop laid,
A mon âme la cruelle
A laissé plus d'un regret ;
Mais ma brune a la finesse
De chasser tout mon chagrin.
— Mathurin ! — Mon parrain !

Presse, presse, etc.

Ma blonde était vraiment sotte
A m'en donner le dépit,
Mais ma brune me dorlotte
Par son bon sens, son esprit ;
Quand son petit bec m'adresse :
Ces doux mots : Glouglou, tintin,
Mathurin ! — Mon parrain !

Presse, presse, etc.

Ma blonde à la peau d'albâtre
Me glaçait par sa froideur :
Ma brune que j'idolâtre
Met sa flamme dans mon cœur,

Plus elle aura de vieillesse,
Plus son feu sera divin.
— Mathurin ! — Mon parrain !

Presse, presse, etc.

E. Baumester.

LA VEUVE DU MARIN.

Air : *Mon pauvre enfant, reste toujours petit.*

Ou : *Si les fleurs parlaient.*

Prions, enfants, écoutez le tonnerre,
Prions les saints des pauvres matelots,
Prions, enfants, prions pour votre père
Qui maintenant lutte contre les flots.
La foudre gronde et l'éclair vif scintille,
Le vent se mêle au fracas de l'airain.
Oh ! par pitié pour ma jeune famille,
Dieu, protégez la femme du marin.

Voyez, enfants, par la croisée ouverte,
Les flots rugir, bondir avec fureur,
En déferlant, la lame blanche et verte
Battre en courroux la barque du pêcheur.
Le vent mugit, l'Océan s'exaspère ;
Pauvres enfants, peut-être que demain
Je serai veuve et vous serez sans père.
Dieu, protégez la femme du marin.

Sur un rocher la barque touche... s'ouvre,
Il disparaît!... non... il nage bien fort...
Il se rapproche... une vague le couvre...
Je le revois... cette fois il est mort !
Lorsque joyeux il a quitté le Havre,
Aurais-je pu prévoir que ce matin
La mer viendrait m'apporter son cadavre!
Dieu, protégez la femme du marin.

Coulez, mes pleurs, car j'étouffe, je souffre;
Coulez, mes pleurs, pitié pour ma raison.
Je l'ai vu, mort, flotter sur ce grand gouffre ;
Un deuil cruel entre dans ma maison.
Coulez, mes pleurs, ou ma raison s'envole,
Demain mes fils auront besoin de pain.
Je ne veux pas, hélas ! devenir folle.
Dieu, protégez la veuve du marin !

Gustave Leroy.

L'ANGE DÉCHU.

Air des *Quatre âges du cœur*.

Reviens, Anna, ta mère t'en supplie,
Ne tarde pas, elle en pourrait mourir,
Quitte, crois-moi, cette tourbe avilie
Où le mépris est l'âme du plaisir;
A la vertu ton cœur est-il rebelle?
Est-il flétri par l'or et le velours?
Viens, il est temps, ton âme encore belle,
Ne l'use pas aux profanes amours.

II

Plaisir éphémère
N'est pas le bonheur,
L'amour d'une mère
Jamais n'est trompeur;
Calme ta douleur,
Reviens à l'honneur,
Oh! viens sur mon cœur
Pleurer ton erreur!

Renonce au luxe, aux tentures dorées,
Attrait fatal aux enfants du travail;
Jésus l'a dit, les brebis égarées
Trouvent toujours une place au bercail.
Ne peux-tu donc briser la lourde chaîne
Qui t'a rivée à ce monde moqueur?
Rappelle-toi les pleurs de Madeleine,
Un amour chaste est le parfum du cœur.

Plaisir éphémère...

Viens de ta mère adoucir la tristesse,
Si tu ne veux bientôt pleurer sa mort;
Oh! n'attends pas la précoce vieillesse
Qui sur ses pas traîne l'affreux remords.
Le repentir relève de la fange
L'ange déchu qui s'y tacha le front!
L'éclat de l'or brûla tes ailes d'ange,
Sous mes baisers tes ailes renaîtront.

Mme E. RABINEAU.

L'HÉRITAGE.

Air *de l'Amour romantique* (feu Chanu).

Enfin, Dieu merci!
Me voilà riche aussi,
Cet héritage
M'avantage.
Prenez votre essor,
Pièces de mon trésor,
Roulez, mes petits louis d'or.

Je m' disais: l' notaire radote,
Quand il me r'mit un' vieill' culotte,
Ajoutant: Votr' cousin Durand
Vous la lègue en mourant.
Je n' fis pas un reproche.
Mes yeux devinr'nt deux robinets.
Quand j' trouvai dans chaqu' poche
Un gros sac de jaunets. Enfin, etc.

V'là-t-il des pièc's de toutes sortes,
Des pâles, des minces, des fortes.
Et quell' couleur ça vous a!
Qu'est-c' que j' f'rai de tout ça?
Riche! quel mot sonore!
Pourtant je n' veux pas oublier
Qu'hier j' n'étais encore
Qu'un bien pauvre ouvrier. Enfin, etc.

Ma pauvr' voisine est bien malade,
Et sa fille se persuade

Qu'ell' perdra celle qui l'aimait;
Oh! si ma mère vivait!
Conservons-lui la sienne,
Beaucoup de soins pour un peu d'or;
Pour fair' revivr' la mienne
J' donn'rais tout mon trésor. Enfin, etc.

J' vais épouser Isabelle,
Et j' lui dirai, car elle est belle:
J' veux que rich'ment vous vous pariez,
Mais quand mêm' vous auriez
Sur le cou, sur les manches,
Toute un' boutique de joyaux,
Vos dents s'raient-ell's plus blanches,
Vos yeux s'raient-ils plus beaux? Enfin, etc.

J' s'rai l' plus rich' des propriétaires,
Et je veux à mes locataires,
Quand ils n'auront pas le moyen,
Donner l' log'ment pour rien.
Et je pourrai me dire,
Quoiqu' mes term's ne soient pas payés,
Quand j' les verrai sourire:
J' viens d' toucher mes loyers. Enfin, etc.

Avec les pauvres j' partage,
Car, pour moi, ce bel héritage
Est comme l' grand gâteau des rois
Qu'on mangeait autrefois:
On coupait la galette,
En parts, comm' je fais d' mon bonheur,
La part des pauvr's est faite,
Et j' la donn' de bon cœur.
Enfin, etc. Gustave Leroy.

JE VEUX ME MARIER.

Air *de la Gueule à quinze pas.*

J'ai vingt ans passés, maman, je vous dis tout
Je veux tâter du mariage; [net,
Puisqu'on dit partout que j' suis un grand be-
J'peux faire un bon homme de ménage. [nêt
J'aime la fille au grand Giroux,
Qu'équ'ça fait à moi qu'elle ait des cheveux
Vous avez beau m' contrarier, [roux ?
J'aim' c'te fille et j' veux l'épouser.

Ell' ne brille pas, je l' sais, par la beauté,
Mais ce n'est pas là mon affaire;
J' sais bien qu' son dos est un p'tit peu voûté,
Qu' son nez est comme un' pomm' de terre:
Vous croyez froisser mon orgueil
En m' répétant que Jeanne n'a qu'un œil.
Vous avez beau m' contrarier, etc.

Vous m' fait's l'élog' des jeuness's du canton;
Plus d'une est gentille et bien faite,
Mais moi je me moque du qu'en dira-t-on:
Pas un' ne fera ma conquête.
Si Jeann' n'attir' pas d' séducteur,
J' suis bien plus sûr de conserver son cœur.
Vous avez beau me contrarier, etc.

J'suis sûr qu'à Jeanne on n' f'ra pas les doux
Lorsque nous irons à la fête, [yeux :
Je n' craidrai pas qu' tous ces beaux amou-
Viennent me mettre martel en tête; [reux

Avec ell' je n' serai pas... battu,
Et puis pour dot elle a vingt mille écus.
Vous avez beau me contrarier, etc.

Le père a dit oui, vous ne direz pas non,
Et dans quinz' jours nous f'rons la noce;
Nous pinc'rons là notre joyeux rigodon,
Et j' dis que j' m'en promets un' bosse!
Si Dieu protége notre conjungo,
Nous vous donn'rons plus d'un gentil marmot,
Que sur vos g'noux vous f'rez danser.
J'aim' c't fille, etc.   L. C. DURAND.

L'ABANDON.

La musique se trouve chez Vieillot, rue Notre-Dame de Nazareth, 32.

Ma mère, il est parti, parti celui que j'aime,
Pour une autre plus belle il m'a fui pour toujours;
En me laissant en proie à mon amour extrême,
Il a brisé mon âme, empoisonné mes jours.
Je sens là dans mon cœur une douleur amère,
J'étais si fière, hélas! de l'amour de Julien!
Laissez couler mes pleurs, ma bonne et tendre mère,
Ha! laissez-moi pleurer, pleurer fait tant de bien!

Combien il me trompait quand d'une voix brûlante
Il jurait de m'aimer d'une éternelle ardeur,
Et moi, la joie au cœur, heureuse et confiante,
Près de lui je faisais des rêves de bonheur.

Mais ce rêve chéri n'était qu'une chimère,
D'un tendre et pur amour il brise le lien.

Laissez couler, etc.

Dans nos doux entretiens, son âme déloyale
Nourrissait des projets de vile ambition :
Je suis pauvre, ma mère, et riche est ma rivale,
Voilà tout le secret de son lâche abandon.
L'or ne lui donnera qu'un bonheur éphémère;
Trouvera-t-il jamais un cœur comme le mien?

Laissez couler, etc.

Adieu, rêves dorés, tissus de mille charmes.
Qui s'offraient à mes yeux sous de riches couleurs,
Désormais condamnée à répandre des larmes,
Dans mon cœur ulcéré faites place aux douleurs.
Ma mère bien-aimée, en vous seule j'espère,
Soyez dans ma douleur mon bon ange gardien.

Laissez couler mes pleurs, ma bonne et tendre mère,
Ha! laissez-moi pleurer, pleurer fait tant de bien!

L.-C. DURAND.

L'OUVRIÈRE AVEUGLE.

Air de la *Fée aux aiguilles* (Ch. Gille)
Ou de *Peintre et poëte.*

Mon enfant, je t'ai tout à l'heure
Donné dix sous pour un gâteau;
Tu vois cette femme qui pleure
A la porte d'un grand château.

Son œil éteint dans sa paupière
Du jour cherche en vain la clarté:
Elle est aveugle, vieille et mère.
Enfant, donne à la pauvreté.

Passe-toi d'une friandise,
Et prouve-nous ton cœur humain.
Ne crois pas que par gourmandise
Elle ose nous tendre la main.
Le prix d'un gâteau de vanille
Que pour toi j'aurais acheté
Peut nourrir toute sa famille.
Enfant, donne à la pauvreté.

Qu'un exempt de police passe,
Il peut les conduire en prison,
Ou bien dans une sale impasse
Ils iront chercher leur maison ;
Sous la paille en petit volume
Le sol offre sa dureté;
Toi qui dors encor sur la plume,
Enfant, donne à la pauvreté.

A tort on a dit: « La paresse
« Est toujours cause du malheur. »
Non, l'ouvrier sent la détresse
Sitôt qu'il reste sans labeur.
Chez tes parents, cette ouvrière
Fut atteinte de cécité,
Elle a bien enrichi ton père !
Enfant, donne à la pauvreté.

Sur ton cou cet or étincelle,
Ce rubis jette un feu sans fin,
Ces bijoux qui te rendent belle
Les empêcheraient d'avoir faim.

Ce soir soupant avec sa mère,
Chaque enfant, bien réconforté,
Dira ton nom dans sa prière.
Enfant, donne à la pauvreté.

Gustave Leroy.

MA BRUNE.

Air *de Marianne*.

Puisque vous voulez que je chante,
Pour obéir, je chanterai:
D'une brune autrefois piquante
Bien malgré moi je médirai;
De ses revers,
De ses travers,
Je parlerai, mais sans être pervers,
Car, entre nous,
Je suis jaloux
De ne jamais m'attirer son courroux.
Ne demandez pas à ma brune,
Vous que je crois ambitieux,
Une mèche de ses cheveux...
Elle n'en a plus qu'une. (*bis.*)

Cependant des cheveux d'ébène
Folâtrent sur son cou ridé;
Grâce à l'art, ma pauvre sirène
Efface une calamité.
Je dis encor
Que son trésor
C'est sa perruque et son triple ressort.

Mais un galant
Trop exigeant
Demande-t-il une boucle en tremblant?
Dans son dépit, alors ma brune
Cherche encore a serrer les dents,
Mais, hélas! depuis bien longtemps
Elle n'en a plus qu'une.

Jadis au feu de ses prunelles
Plus d'un cœur s'enflamma soudain,
Croyant des voûtes éternelles
Entrevoir le flambeau divin;
Mais, ô malheur!
Quelle douleur!
Un accident tempéra leur chaleur;
Un Auvergnat,
Qui la lorgna,
Dans un transport un beau jour l'éborgna.
Or, les prunelles de ma brune
Exercent encor leur pouvoir
Le jour, mais dans le lit, le soir,
Elle n'en a plus qu'une.

Des célébrités financières
Elle reçut plus d'un cadeau,
Des garde-robes presque entières,
Et même on lui vit un landau.
Avec le temps,
Cheveux et dents,
Se sont enfuis ces bienheureux instants:
Les marabouts,
Châles indoux,
De son armoire ont levé les écrous;
A la moindre chaleur, ma brune
Changeait de chemise au plus tôt...
Aujourd'hui, comme l'escargot,
Elle n'en a plus qu'une.

Enfin, comme trois gastronomes
Autrefois elle se portait;
Où le dos s'arrondit en pommes
L'embonpoint se manifestait;
Point de chiffon,
De polisson.
Le naturel excluait le coton,
Et l'amateur,
Au fond du cœur,
Donnait toujours un signe approbateur.
La concavité chez ma brune,
A remplacé le rebondi...
Ce qui ferait croire aujourd'hui
Qu'elle n'en a plus qu'une.

Feu J. Baptiste.

QUI VEUT UN MARI?

Air : *C'est la chanson du vigneron.*

Filles, vous qui ne tenez pas
A coiffer sainte Catherine,
Je puis vous tirer d'embarras,
Car sachez que j'emmagasine
Des maris de toutes couleurs,
Des maris de toutes grosseurs,
Jeunes et barbons,
Beaux, méchants ou bons.

Filles, qui cherhez de bon maris,
J'en ai toujours à tous les prix
Des gros, des minces, les petits,
Des bruns, des blonds, des roux, des gris,
Voilà le marchand de maris! (*bis*)

Vous connaissez bien Elisa,
Du pays c'est la plus bavarde,
Grâce à mes soins, elle épousa
Jacotot, le fils du vieux garde;
Quoique Elisa parle pour deux,
Ils sont pourtant toujours heureux,
Car Jacotot est
Né sourd et muet.

Filles, etc.

Isabeau, que son cœur aigri
Faisait surnommer l'inhumaine,
Me dit: « Je voudrais un mari,
Mais il faudra que je le mène. »
J'ai pu satisfaire son goût,
Elle doit le mener partout;
Elle eut pour époux
L'aveugle Giroux.

Filles, etc.

Maria, la brune aux yeux bleus
Et romantique Dieu sait comme,
Vint à moi, puis me dit: « Je veux,
Que mon mari soit un grand homme. »
Je trouvai ce qu'elle avisait;
Six mois après elle épousait
Le grand Almanzor,
Le tambour-major.

Filles, etc.

Pour faire un bel assortiment,
Mes relations sont très-grandes,
Et je satisfais vivement
Celles qui me font des commandes;

Si par hasard mes prétendus
Sont trop maigres ou trop dodus,
Je vous les reprends
Moyennant trois francs.

Filles, etc.

Gustave LEROY.

LES BREBIS.

AIR : *Rendez-moi mon village.*

Ou *Si les fleurs parlaient.*

Pauvres humains, qui couvrez cette terre,
Levez les yeux et regardez le ciel,
Peut-être alors qu'un rayon de lumière
De votre cœur distillera le fiel.
Du vrai bonheur les barrières sont hautes;
Mais, du courage ! allons, marche, bétail!
Le repentir efface bien des fautes,
Pauvres brebis (*bis*), revenez au bercail.

Oui, revenez, femmes prostituées,
Dont la paresse empoisonna les sens,
Par les plaisirs vos âmes sont tuées,
Et vos baisers lascifs, avilissants.
Pour l'avenir épargnez-vous des larmes,
Vos blanches dents perdront leur vif émail ;
Avant que l'âge ait soufflé sur vos charmes,
Pauvres brebis (*bis*), revenez au bercail.

Et vous, brebis, dont l'avenir se tache
En dérobant parfois le bien d'autrui,
Fouillez vos cœurs ; si quelque repli cache
Un peu de bien, ayez espoir en lui.
Quoi ! s'abaisser pour une faible somme,
Au vol honteux préférez le travail !
Il est si doux de vivre en honnête homme,
Pauvres brebis (*bis*), revenez au bercail.

Riches trompés, soyez pour nous des frères,
Et quelquefois montrez-vous bienfaisants ;
Venez à nous en calmant nos misères,
Affaiblissez le lourd fardeau des ans.
Un riche vieux rarement intéresse,
De l'homme jeune il est l'épouvantail.
Pour qu'un ami reste à votre vieillesse,
Pauvres brebis (*bis*), revenez au bercail.

Vous, jeunes gens, qui trompez une fille,
Qui, sans pitié, la fuyez lâchement,
Vous lui volez l'honneur de sa famille,
Vous lui volez le nom de son enfant.
L'hospice est là... dites-vous, cœurs de pierre'
Au lieu d'oser lui montrer ce portail,
Laissez-lui croire au bonheur d'être mère.
Pauvres brebis (*bis*), revenez au bercail.

Gustave Leroy.

JE VOUDRAIS BIEN ÊTRE FEMME.

AIR : *Ni vu, ni connu, j' t'embrouille.*

Quoi! jeune Lison,
Lasse du jupon,
Vous voulez porter culotte?
Vous ne savez pas
Tous les embarras
Qu'on a sous sa redingote.
Sur ce sujet
Dumas ferait
Un drame.
Comme érudit,
J'ai peu d'esprit,
Madame.
Mon opinion,
C'est que moi, garçon,
Je voudrais bien être femme.

Voulez-vous danser?
Voulez-vous valser?
Vous le pouvez, belle brune;
Mais il faut des fonds
Pour les violons,
Et moi j'ai peu de pécune.
Lorsque du bal
Le doux signal
M'enflamme,
C'est mon argent
Qu'un sec agent
Réclame.
Pour entrer *franco*
A Valentino,
Je voudrais bien être femme.

De propos galants,
De soins complaisants,
On entoure votre sexe.
Le nôtre est souvent
Traité durement,
Et voilà ce qui me vexe.
Qu'un froid censeur
Sur votre honneur
Diffame,
Un tendre amant
Vite alors prend
Sa lame.
Ah ! pour que mon cœur
Ait un défenseur,
Je voudrais bien être femme.

Comme vieux routier,
Je sais mon métier
Pour enjôler une belle.
Mais je ne sais pas
Rien cacher, hélas!
Lorsque je suis infidèle.
La trahison
N'est plus dans mon
Programme,
Car de mes tours
On voit toujours
La trame.
Pour savoir vraiment
Comment on s'y prend,
Je voudrais bien être femme. SAVARD.

DIEU FAIT PARLER LES FLEURS.

ROMANCE.

AIR : *Si les fleurs parlaient* (suite).

A mes serments vous me croyez parjure,
Pour une fleur qui tomba de ma main ;
Elle qui fut et si fraîche et si pure
Doit-elle, hélas ! mourir sur le chemin ?
Sa blanche feuille est un arrêt suprême
Qui réjouit ou qui flétrit nos cœurs.
Interrogez, elles diront : Je t'aime.
Oh ! mon ami, Dieu fait parler les fleurs !
Interrogez, elles diront : Je t'aime.
Oh ! mon ami (*bis*), Dieu fait parler les fleurs !

En traversant nos riantes prairies
Dont le brin d'herbe étincelle au soleil,
Avec amour de fleurs par moi chéries
Je me suis fait un bouquet tout vermeil ;
Ce ruban bleu que j'ai pour diadème
Un seul moment lia ces frêles sœurs.
Interrogez, elles diront : Je t'aime.
Oh ! mon ami, Dieu fait parler les fleurs !

Si ce ruban et cette marguerite
Sont là, gisant sous ce bel églantier,
C'est qu'en courant pour vous revoir plus
Mon pied glissa sur le bord du sentier.
La vérité n'a pas besoin d'emblème,
Je vous l'ai dit pour calmer vos douleurs.
Interrogez, elles diront : Je t'aime.
Oh ! mon ami, Dieu fait parler les fleurs !

Sans hésiter, en ôtant chaque feuille,
Elle disait : Je t'aime, un peu, beaucoup.
La jeune Berthe un instant se recueille,
En rougissant elle dit tout à coup :
Comme ces fleurs, je veux dire de même
Le doux secret qui fait couler mes pleurs.
Oh ! pour jamais elles ont dit : Je t'aime.
Vous le voyez, Dieu fait parler les fleurs !

Eugène BAUMESTER.

LE BATAILLON D'AFRIQUE.

La musique se trouve chez Vieillot, *rue Notre-Dame-de-Nazareth*, 32.

Air *de la Bretonnière.*

Dans la plaine tourbillonne
Une horde aux burnous blancs ;
En tête de la colonne
Allons reprendre nos rangs.
Voyez, le soleil levant
Nous jette un regard oblique.

Ho !
Du bataillon d'Afrique !
V'lan !
Gais zéphyrs, en avant !

Celui qui laisse la rive
Où Dieu plaça son berceau,

Le cœur tout malade arrive
Sous ce ciel malsain et chaud;
Nous qui nous moquons du vent
Qui lui porte la colique, Ho! etc

Chaque route est sillonnée,
Soit en long, soit en travers;
La troupe indisciplinée
Ne connait pas de revers;
Car, dans notre corps savant,
Qui dit soldat dit pratique. Ho! etc.

Chef de la tribu perfide
Qu'Abd-el-Kader soudoya,
Monte ton coursier numide,
Si tu crains la razzia,
Surtout fais passer devant
Ta sultane et ta barrique. Ho! etc.

Nous venons, sans plus d'entraves,
Pour régler certains écots;
Vous allez danser, mes braves,
La danse des moricauds;
C'est nous qui, dorénavant,
Vous fourrerons la musique. Ho! etc.

Mais déjà dans la bataille
On fait résonner les cors;
Notre drapeau de mitraille
Est criblé comme nos corps;
La mort souffla bien souvent
Sous cette sainte relique. Ho! etc.

De deux vaillants frères d'armes
Le lien est-il brisé?
L'un d'eux versera des larmes,
Ce regret est vite usé;
L'autre lègue au survivant
Son souvenir et sa chique. Ho! etc.

Notre campagne finie,
J'aperçois le fier cheval
Qui, dans les flots d'harmonie,
Roule notre général;
Allons, traduire en buvant,
Sa harangue pathétique. Ho! etc.

Charles GILLE.

LA MÉSANGE DU SOLDAT,

OU DÉPART ET RETOUR.

Air *des Quatre âges du cœur.*

Petit oiseau, que me donna Marie,
Gage sacré d'un amour virginal,
Il faut, hélas! ô mesange chérie,
Nous séparer. Je fuis le sol natal :
Je suis soldat, et vais, loin de la France,
Chercher la mort ou la captivité,
Et pour calmer en ce jour ta souffrance,
Petit oiseau, reprends ta liberté.

II

Gentille mésange,
Prends ton vol joyeux;
Va, près de mon ange,
Mon ange aux yeux bleus.
Oiseau gracieux,
En quittant ces lieux.
Porte-lui mes vœux
Avec mes adieux.

Va caresser son doux et frais visage,
Heureux oiseau! puis son front blanc et pur,
Ses blonds cheveux, ses yeux où ton plumage
Doit réfléter des nuages d'azur.
Deviens, deviens sa compagne chérie,
Petit oiseau, promets-lui mon retour.
Va te poser aux lèvres de Marie,
Et donne-lui mon seul baiser d'amour.

Gentille mésange, etc.

Rappelle-lui ses serments et ma flamme;
Dis à Marie : Au loin s'il doit mourir,
Dieu permettra sans doute que son âme
Revienne à toi sur un léger zéphyr. »
Eh quoi! déjà frémissante de joie,
Tu prends l'essor sans regret, sans douleur,
Et dans les airs ton aile se déploie?
Adieu, mésange, adieu tout mon bonheur.

Gentille mésange, etc.

George, en partant, pleurait sa bien-aimée,
Puis vint l'espoir, qui berce la douleur,
Plus tard, enfin, la guerre de Crimée
Le mit au rang des fils de la valeur :

Il est blessé… bien loin de sa patrie,
Déjà la mort entr'ouvre son tombeau,
Mais on lui rend et la France et Marie,
Qui lui rendit le baiser de l'oiseau.

Gentille mésange,
Prends ton vol joyeux;
Près de mon bel ange,
Ah! je suis heureux!
Oiseau précieux,
Vole vers les cieux;
Emporte nos vœux
Avec nos adieux.

Mme Ernestine Rabineau.

LE PAYSAN,

SOUVENIR DU BERRI.

Air *des Paysans* (Paul Henrion).

Souris aux riches javelées,
Paysan, si la terre un jour
Semble chanter par nos vallées
Comme de gais refrains d'amour.
— C'est que Dieu met dans sa corbeille
Les blonds épis du moissonneur,
Et plus tard suspend sous la treille
Les fruits dorés du vendangeur.

Paysan, à la charrue!
Déjà l'aube annonce le jour.
Alerte! l'heure est venue
Où la terre attend son labour.
— Gloire à la charrue!
— Plus heureux que le fer altier
Qui tue, tue,
Son fer, — c'est le fer nourricier.

Toi seul, dont le travail superbe
Se répand sur l'humanité,
Quand ton bras a tressé la gerbe,
N'as pas d'heures d'oisiveté! —
Gloire à toi, paysan utile!...
— A chaque homme la même part!
Viens échanger par la grand'ville
Contre tes blés nos œuvres d'art!...

Paysan, etc,

L'hiver sera sans froide haleine
Pour toi qui jettes au foyer
Les branches mortes du vieux chêne,
Les jaunes feuilles du noyer!
Tristes alors sous la mansarde
— Combien d'honnêtes artisans
N'auront pas, — si Dieu ne les garde, —
L'âtre joyeux des paysans!...

Paysan, à la charrue!
Déjà l'aube annonce le jour,
Alerte! l'heure est venue
Où la terre attend son labour.
— Gloire à la charrue!
— Plus heureux que le fer altier
Qui tue, tue,
Son fer, — c'est le fer nourricier!

J.-J. Evrard.

LES ANGES DE LA CHARITÉ,

OU LES INONDÉS DE 1856.

Air du *Rayon de Soleil*, ou *Si les Fleurs parlaient.*

Pendant ces jours de terreur et d'alarmes,
Nous avons vu l'affreux débordement,
Ces flots cruels qui coûtent tant de larmes,
Ces désespoirs si grands en un moment...
Mais tout à coup, dans cet humide espace,
Sont apparus des anges protecteurs...
Dieu met toujours, près du fléau qui passe, } *bis.*
La charité (*bis*) qui calme les douleurs.

Combien peut-être en ces terribles heures,
Sans le secours de maints bras généreux,
Lorsque la mort inondait leurs demeures
Seraient tombés, sauvés soudain par eux!...
Les dévoûments, sans révéler leur trace,
Sont âme et corps dans de pareils malheurs...
Dieu met toujours, près du fléau qui passe,
La charité (*bis*) qui calme les douleurs.

Heureux ou non, au long cri qui s'élance,
Rapide écho, tout homme a répondu;
Le sou du pauvre à l'or de l'opulence,
Don fraternel, s'est bientôt confondu;
Les arts unis vont bientôt prendre place
Parmi les rangs d'appuis consolateurs...
Dieu met toujours, près du fléau qui passe,
La charité (*bis*) qui calme les douleurs.

Entendez-vous cette voix protectrice,
Infortunés que le sort fit martyrs?
Le vent des nuits porte à l'Impératrice
L'appel mourant de vos derniers soupirs...
Son âme oppose au coup qui vous terrasse
Des mots divins qui sèchent bien des pleurs.
Dieu met toujours, près du fléau qui passe,
La charité (*bis*) qui calme les douleurs.

Espérez donc, vous dont le deuil palpite,
Phalange entière échappée au trépas;
Et vous, enfants que l'enfer déshérite,
Ah! que la foi soutienne encor vos pas.
De jour en jour, où l'orage s'efface,
Un doux soleil peut ramener les fleurs...
Dieu met toujours, près du fléau qui passe,
La charité (*bis*) qui calme les douleurs.

L. C. Durand.

LA GRISETTE,

BLUETTE.

Air : *Mettons-nous en goguette.* (Chanu).

Sans bien, sans envie,
Vivre au jour le jour,
Parsemer sa vie
De joie et d'amour;
Puis, dans sa chambrette,
Narguant le chagrin,
Comme l'alouette
Chanter le matin.

Gentille grisette,
Notre existence est là.
Tra, la, la, la, la, la. *bis.*
Nargue de l'étiquette,
Le bonheur, le voilà. } *bis.*

Tant que le jour brille
Et le cœur content,
Pousser son aiguille
Sans perdre un instant;
Un faible salaire
Nous tient en gaîté,
Car paresse est mère
De la pauvreté.

Gentille grisette, etc.

Foin de l'opulence !
Car pour l'indigent
Gaîté, patience,
Remplacent l'argent;
Si le sort nous triche,
On dit au vaurien :
On est toujours riche
Ne désirant rien.

Gentille grisette, etc.

Rendre l'espérance
Au pauvre attristé,
Calmer la souffrance
Par la charité;
De bon cœur on donne,
N'importe en quel lieu,
Car toujours l'aumône
Fait plaisir à Dieu.

Gentille grisette, etc.

Quant vient le dimanche,
S'envoler au bal,
A la gaîté franche
Donner le signal ;
Revenant joyeuse
Avec ses amours,
Notre âme est heureuse
Au moins pour huit jours.

Gentille grisette, etc.

Mais si l'hyménée
Se trouve en chemin,
En fille bien née,
On lui tend la main ;
Puis, adieu, folie
De nos joyeux jours,
Le devoir nous lie
A d'autres amours.

Gentille grisette, etc.

Louis-Charles DURAND.

HONNEUR ET GLOIRE A BÉRANGER

AIR : *Laissez les roses aux rosiers.*

Prends le deuil, ô chère patrie :
France, ton poëte n'est plus ;
De tes enfants la voix qui prie
S'épuise en regrets superflus.
Je vois la foule qui s'amasse, | *bis.*

Chacun en paix vient s'y ranger. | *bis.*
Saluons le convoi qui passe. |
Honneur et gloire à Béranger!
Honneur et gloire à Béranger!

De nos gloires nationales
Il fut le chantre glorieux,
Et les fils de nos capitales
Ont dit ses chants mélodieux.
Quand un jour notre belle France
Courba son front sous l'étranger,
Il sut adoucir sa souffrance.
Honneur et gloire à Béranger!
Honneur et gloire à Béranger!

Comme le miel, comme le baume,
Ses chants ont calmé les douleurs;
En se répandant sous le chaume,
En joie ils ont changé les pleurs.
Sa voix mâle et patriotique
Quinze ans l'effroi de l'étranger
Vengea le courage héroïque.
Honneur et gloire à Béranger!
Honneur et gloire à Béranger!

Il ne flatta que l'infortune.
Apôtre de l'humanité,
Pour tous sa bourse était commune,
Tant il aimait la charité.
Non, jamais un frère en alarmes
A son cœur ne fut étranger,
Il a su tarir bien des larmes.
Honneur et gloire à Béranger!
Honneur et gloire à Béranger!

Ici-bas comme tout succombe,
Volant à l'immortalité,
Il est descendu dans la tombe,
De tout un peuple regretté.
Mais au grand deuil de la patrie
Aucun Français n'est étranger.
Avec moi que chacun s'écrie :
Honneur et gloire à Béranger!
Honneur et gloire à Béranger!

Louis-Charles DURAND.

LES MURIERS DU VIEUX CHEMIN.

AIR : *Laissez les roses aux rosiers,*

Ou *de la Rose des champs.*

Il était déjà la nuit close
Quand Pierre, un soir, qui me guettait,
Vint me dire : Petite Rose,
Accepte mon bras, s'il te plaît.
Pierre était un ami d'enfance,
Sur son bras je posai ma main; *bis.*
Nos pas seuls troublaient le silence
Sous les mûriers du vieux chemin, | *bis.*
Sous les mûriers du vieux chemin.

Rose, tout bas murmura Pierre,
En me derobant un baiser,
L'amour qui cherche le mystère
Ici nous invite à causer.

Sa voix avait tant d'éloquence
Que je ne disais rien afin *bis.*
De ne pas troubler le silence
Sous les mûriers du vieux chemin, | *bis.*
Sous les mûriers du vieux chemin.

Il me disait, je m'en rappelle
Et m'en rappellerai toujours;
Je veux t'aimer, toi, la plus belle,
Et te le prouver tous les jours.
Jeune fille sans défiance,
A de tendres propos sans fin | *bis.*
Je prêtai l'oreille en silence
Sous les mûriers du vieux chemin, | *bis.*
Sous les mûriers du vieux chemin.

Pierre me dépeignit sa flamme,
Nos deux cœurs en étaient émus;
Que de mots qui vous vont à l'âme
Furent plusieurs fois entendus!
Après maint serment de constance
Et mainte promesse d'hymen, | *bis.*
Nous nous assîmes en silence
Sous les mûriers du vieux chemin, | *bis.*
Sous les muriers du vieux chemin.

Un mois après cette rencontre,
Rose et Pierre vont dire oui;
Chacun d'eux à l'église montre
Un frais visage réjoui;
Pour célébrer cette alliance,
Les cloches, depuis le matin, | *bis.*
De leur bruit troublaient le silence
Sous les mûriers du vieux chemin, | *bis.*
Sous les mûriers du vieux chemin.

AUBRY.

PIQUETTE ET FILLETTE

Paroles de V. RABINEAU. — Musique de Bonnefond.

La musique se trouve chez Vieillot, rue Notre-Dame-de-Nazareth, 52.

Mes amis, tant qu'on chantera
La piquette,
La fillette;
La piquette nous grisera,
La fillette nous aimera,
Ah! ah! ah! ah!
Et tout nous sourira. *bis.*

S'il est un baume souverain
Contre l'ennui qui nous oppresse,
N'est-ce pas le joyeux refrain
Qu'entonnent l'amour et l'ivresse?
N'est-ce pas le joyeux refrain *bis.*
Qu'entonnent l'amour et l'ivresse?

Mes amis, etc.

A jeun nous osons peu, mais quand
Le vin petille dans nos verres,
Le cœur devient plus éloquent
Et les beaux yeux sont moins sévères.

Mes amis, etc.

Lazzarone de nos vieux murs,
Le lézard de soleil s'enivre;
Le soleil aux raisins bien mûrs
Transmet le feu qui fait tout vivre.

Mes amis, etc.

Le vin n'entre pas au sérail
Où la beauté bâille et sommeille;
Vive la lèvre de corail
Qui s'ouvre à la coupe vermeille!

Mes amis, etc.

Le chant possède un doux pouvoir,
Il force des bouches mutines
Au sourire qui laisse voir
Un double rang de perles fines.

Mes amis, etc.

Si les dieux que nous encensons
Ne sont qu'idoles éphémères,
Le vin, l'amour et les chansons
Sont nos plus durables chimères.

Mes amis, etc.

L'ILE SAINT-OUEN.

CHANT DE CANOTIERS.

Paroles et musique de BONNEFOND.

La musique se trouve chez Vieillot, rue Notre-Dame-de-Nazareth, 32.

Il est, non loin du vieux Paris,
Il est une île enchanteresse;
Les amoureux y font leurs nids, | *bis.*
Le nôtre y manque, ma maîtresse. |

REFRAIN.

Sur la Seine qui coule,
Qui coule, coule, coule,
Qui coule et qui nous roule,
Avec toi j'ai besoin
D'aller loin de la foule
Sur la Seine qui coule;
Qui coule et qui nous roule | *bis.*
A l'île, à l'île Saint-Ouen. |

Allons, ma belle au teint vermeil,
Au cœur brûlant à fondre glace,
Quittons la ville où le soleil
A de la peine à trouver place.

Sur la Seine qui coule, etc.

Comme de beaux petits oiseaux,
Se caressant du bec, de l'aile,
Nous mêlerons au bruit des eaux
Celui de nos baisers, ma belle.

Sur la Seine qui coule, etc.

Plus belle cent fois que Léda
Ou la Diane chasseresse,
Gentil lutin du mont Breda,
Trop adorable pécheresse.

Sur la Seine qui coule, etc.

Crois-moi, prenons la clef des champs,
Et tous les deux, pleins d'allégresse,
Donnons l'essor à nos penchants,
Brillant trésor de la jeunesse.

Sur la Seine qui coule, etc.

LA BOUFFARDE.

CHANT DE CANOTIERS.

Paroles de V. Rabineau. — Musique arrangée par Cadet Favard.

La musique se trouve chez Viellot, rue Notre-Dame-de-Nazareth, 32.

Quand de la rive on te regarde,
Gentil canot aux fins contours;

Va, ma *Bouffarde*,
Et sois toujours
Le rendez-vous de nos amours.

Dès que l'hiver fuit nos parages,
Dès qu'autour du joyeux Paris
La Marne reprend ses ombrages
Et la Seine ses bords fleuris ;
Il faut voir cingler sur Asnières
Le frêle esquif que nous lançons,
Jetant aux brises printanières
L'éclat de rire et les chansons!

Quand, etc.

Notre équipage qui s'encadre
Entre ses avirons actifs
Ne sort pas d'une fière escadre
De vieux marins rébarbatifs.
Jamais tempête ne nous pousse
Sans boussole sous d'autres cieux,
Nous sommes des marins d'eau douce,
Nos boussoles sont deux beaux yeux.

Quand, etc.

Le capitaine est un monarque
Peu jaloux de l'autorité,
Il laisse trôner sur la barque
Les caprices de la beauté ;
Nous suivons cette souveraine
Partout où flotte son désir,
Gais argonautes qu'elle entraîne
A la conquête du plaisir

Quand, etc.

La Bouffarde vit d'harmonie,
Jamais de révolte à son bord;
Toute contrainte en est bannie,
Chacun y rit, boit, chante ou dort;
Chacun aux manœuvres se prête,
Et quand le bras se ralentit,
Quand le bruit des rames s'arrête,
Le bruits des baisers retentit.

Quand, etc.

Que la Seine longtemps te garde
A nos amis, à nos amours;
File, ma gentille *Bouffarde*,
File, file... comme nos jours,
Pendant que fuit la folle ivresse,
Ne te plains pas du sort moqueur;
A toi le doux flot qui caresse,
A nous les tempêtes du cœur.

Quand, etc.

LA NOCE DE L'AUVERGNAT.

AIR *de la Gueule à quinze pas.*

J'vas donc pour mon compt' me marier chette fois!
J' veux créer un' madame Eujtache,
J'épouj' devant l' maire Ijabelle Franchois,
Qui m'apport' chon cœur et cha vache;
Je commenche à prendre en horreur
Le chot plaijir d'être garçon d'honneur;
Enfin, par acte notarié,
Ch'est à mon tour d'être l'marié.

J' veux qu'on chonn' les cloches auchi fort qu'à
Pour que chacun ch'mette à la f'nêtre, (Paris
J'aurai l'air chi fier qu' tous les gens du pays
Verront bien qu' ch'est moi qui vas l'être...
J' mettrai des rubans en chatin,
Rouges, bleus, verts, punaij's et couleur ch'rin;
Comme un arc-en-chiel j' ch'rai varié,
Ch'est à mon tour d'être l' marié.

Quand nous chortirons de chigner l' conjungo,
J' ch'rons préchédé par un' mujette;
J' veux qu'un gros joufflu chouffle à tir' larigo
Pour qu'on chach' bien qu'nous chomm's de
Ch'lui qui n' trouv'ra pas d'amuj'ment (fête;
Aura l' plaijir de s'embêter gaîment;
Il s'ra content d' s'être ennuyé,
Ch'est à mon tour d'être l' marié.

J' commench'rons l' dîner par une choupe aux
Avec du lard ch'est chalutaire; (choux,
La cuiller debout ch' tiendra d'dans comm' chez
Enchuit un plat de pommes de terre; (nous,
Lapin, poichon... Dans les gigots
Je défendrai d' mettre des haricots;
J'veux pas que perchonn'choit achpbyxchié,
Ch'est à mon tour d'être l' marié.

Après le dîner un inchtant nous chant'rons,
Nons entendrons ma tante Laïde;
Ell' chant' faux, ch'est vrai, comme plujieurs je-
Mais ronfl' comme un ophicléide. [tons,
Au r'frain nous fe'rons du bacchanal,
Et nous aurons, chi nous chantons tous mal,
L' plaijir d'avoir bien crié...
Ch'est à mon tour d'être le marié.

Le bal commench'ra, mais tout bon cavalier
Doit porter d' la chauchur' ferrée :
Un' livre de clous au moins par chaqu' choulier,
Afin d' bien dancher la bourrée.
J' frapp'rons à grands coups de talon
Tant qu'il faudra que l' plancher du salon
A l'avance choit étayé,
Ch'est à mon tour d'être l' marié.

Gustave Leroy.

UN VERRE.

Air : *la Guerre! la Guerre!*

Voyez ces fûts rangés dans le cellier,
Entendez-vous comme un chant d'allégresse?
De gais refrains, échos de l'atelier,
Viennent bannir loin de nous la tristesse ;
Et de ce vin, captif dans les tonneaux,
En bouillonnant, la liqueur frémissante
Chasse la bonde et se rit des cerceaux.

Un verre! *bis*.
Loin de nous qui n'est pas buveur!
Devant le pomard, le madère,
Disons des lèvres et du cœur :

Un verre!

Armons-nous tous! que chacun soit dispos,
De ce cartel s'affranchir est impie ;
Loin de faiblir, n'ayons pas de repos
Que tout ne soit vidé jusqu'à la lie!

Entourons-nous, amis, femmes, enfants ;
De par Silène engageons la bataille,
N'épargnons rien ; dans la moindre futaille.
Courons plonger nos forets triomphants.

Un verre ! etc.

Marchons, marchons, pleins d'ardeur, l'œil en feu
Vers ces tonneaux, pour nous placés en gerbe,
Du foudre altier, trônant dans le milieu,
Faisons crouler l'entourage superbe.
Il ne faut pas, ici, capitulant,
Qu'un seul de nous remonte sans courage ;
Rappelons-nous que le divin breuvage
Ouvre le ciel au buveur chancelant.

Un verre ! etc.

Ils tariront par mille coups percés,
Jusqu'à travers leurs douves rendant l'âme ;
Ne les quittons qu'après les voir passés
Jusqu'au dernier par nos gosiers en flamme.
Épuisons-les, valeureux biberons,
Et si quelqu'un, buveur vaille que vaille,
Manquait de cœur, qu'il parte au loin, qu'il aille
Dire comment et combien nous buvons !

Un verre ! etc.

Chantez, buveurs, en signal glorieux ;
Donnez l'essor à vos voix discordantes.
Déjà Bacchus, abandonnant les cieux,
Plane sur vous au milieu des bacchantes.
A nous, à nous, litres, pintes et brocs !
Mais, bons Français, même au sein de
Nous porterons un toast à la patrie
Et partirons en brisant nos vaisseaux.

Un verre ! etc.

En nous voyant boire ainsi coups sur coups,
Des buveurs d'eau que la race flétrie
N'ose jamais se comparer à nous,
Les partisans de la couleur chérie!
Et gloire à Dieu qui nous dota du vin,
Dieu qui fit seul le buveur méritoire,
En lui donnant et la force de boire
Et d'entonner constamment ce refrain :

Un verre! etc. DALÈS aîné.

LA FIN DU MONDE EST LOIN DE NOUS

CHANSONNETTE

Air : *Maman, le mal que j'ai.*

(*Parlé.*) Rencontre de madame Télescope et de madame Cancanard, ancienne fruitière retirée, rue des Sept-Voies, prenant celle de la publicité pour rassurer les esprits faibles: Ecoute ça, mère Télescope :

Comme hier, dans l'immensité
En maintenant notre planète,
Le Créateur, dans sa bonté,
Nous a sauvés de la comète;
Sens-dessus sens-dessous,
Quand notre boule
Gravite et roule,
Ah! réjouissez-vous,
La fin du monde est loin de nous.

Tout reprend un air de gaîté,
Au ciel un léger nuage,

Déjà pour saluer l'été
Le pinson chante dans sa cage ;
  Le soleil est plus doux,
    Aux champs tout pousse,
    L'herbe et la mousse.

  Ah ! réjouissez-vous, etc.

On se fait encor les doux yeux
Sur le gazon, sous les charmilles;
Les jeunes gens sont amoureux
Et les fillettes sont gentilles;
  On cherche des époux,
    Plus d'un baptême
    Se fait quand même.

  Ah ! réjouissez-vous, etc.

Voyez bourgeonner les raisins,
Nous aurons encore, c'est notoire,
Pour endormir les noirs chagrins
L'élixir du docteur Grégoire;
  Les flon-flons, les glou-glous,
    La gaudriole
    Légère et folle.

  Ah ! réjouissez-vous, etc.

Nous renaissons tous dans nos fils,
C'est la loi de l'espèce humaine,
L'oiseau nous laisse des petits
Et la fleur prodigue sa graine;
  Malgré le temps jaloux,
    Tout multiplie
    Dans cette vie.

  Ah ! réjouissez-vous, etc.

Pauvres humains, ne craignez pas
Que jamais le monde finisse,
Tant que vous verrez sur vos pas
L'enfant à sa nourrice;
L'amour, ce dieu si doux,
Toujours remplace
Ce qui s'efface.
Ah ! réjouissez-vous,
La fin du monde est loin de nous.

A. DALÈS.

BUVONS.

Air de *Glycère.*

Joyeux trouvères,
Vidons nos verres;
Du jus divin
Nous ne boirons jamais en vain.
Ce n'est qu'à table
Qu'on est capable,
Loin des jaloux,
De trouver le sort le plus doux.
Ce n'est qu'à table
Qu'on est capable, } *bis.*
Loin des jaloux,
De trouver le sort le plus doux.
Tra, la, la, la, la. Tra, la, la, la, la.

Buvons, au diable la tristesse!
Le vin nous réjouit le cœur;
Buvons, ce n'est que dans l'ivresse,
Que l'on trouve le vrai bonheur.

Joyeux trouvères, etc.

Au Créateur rendons hommage,
Qui sut un jour, dans sa bonté,
Nous donner ce divin breuvage
Pour consoler l'humanité.

Joyeux trouvères, etc.

N'envions pas de la fortune
Les dons par trop capricieux.
Loin de la grandeur importune,
Celui qui sait boire est heureux.

Joyeux trouvères, etc.

Le buveur brave les misères
Qui désolent le genre humain;
Buvons, dans le fond de nos verres
Se trouve l'oubli du chagrin.

Joyeux trouvères, etc.

Si notre amante est infidèle,
Loin de pleurer sur nos amours,
Rions de l'ingrate et loin d'elle
Buvons encor, buvons toujours.

Joyeux trouvères, etc.

En bravant le temps qui s'avance,
Entre Bacchus et la gaîté,
Buvons au bonheur de la France,
Buvons à sa postérité.

Joyeux trouvères, etc.

Louis-Charles Durand.

LES SOUVENIRS D'AMOUR.

Page arrachée au roman de ma vie.

AIR : *Béranger à l'Académie.*
Ou : *Si les Fleurs parlaient.*

Il est une heure où l'âme se recueille,
Où le passé redevient apparent;
Le bruit du vent, la chute d'une feuille
Font tressaillir le cœur indifférent;
Quand ma mémoire, à mon cœur asservie,
Sur ma jeunesse ose faire un retour,
En remontant le passé de ma vie,
Je baise au front mes souvenirs d'amour.

Portraits charmants de ces femmes aimées,
Dont la beauté m'enflamma si souvent,
Dans mon cerveau, figures animées,
Passez, passez comme un tableau vivant...
Les voilà bien, je les retrouve telles
Que je les vis, ému, le premier jour.
Sur ma pensée inclinez-vous, mes belles,
Je baise au front mes souvenirs d'amour.

Voici JENNY, dont la taille si fine
Semblait devoir se briser dans mes doigts;
Les cheveux blonds de la blanche ADOLPHINE,
Fière amazone aux courses comme aux bois;
Je vois d'IRMA les belles lèvres closes,
Un noir duvet en marque le contour :
Souriez-moi, charmantes lèvres roses.
Je baise au front mes souvenirs d'amour.

Bonjour, Laura : voilà ton beau sourire
Qui me charma sitôt que je te vis ;
Te souvient-il que tu ne pouvais lire
Le billet doux qu'un jour je t'écrivis?
Lors je devins ton professeur quand même,
Après six mois que je te fis la cour,
Ta belle bouche épelait bien : Je t'aime.
Je baise au front mes souvenirs d'amour.

Je reconnais cette figure pâle,
Ces yeux si purs que la mort dut fermer ;
Elle disait, même pendant le râle :
Aime ma fille et c'est encor m'aimer.
Je me souviens qu'en ce moment funeste
J'osai prier... Hélas! le ciel fut sourd!
La fleur mourut!... mais le bouton me reste.
Je baise au front mes souvenirs d'amour.

Pourquoi me fuir, vision ineffable,
Doux souvenirs toujours remplis d'appas?
Soyez pour moi le chêne de la fable,
Je suis le lierre, oh! ne nous quittons pas.
Bravons ensemble et l'orage et la hache,
Que mes rameaux vous ceignent tout autour,
Le lierre meurt où le hasard l'attache.
Je baise au front mes souvenirs d'amour.

Gustave Leroy.

www.ingramcontent.com/pod-product-compliance
Lightning Source LLC
LaVergne TN
LVHW022020080426
835513LV00009B/810

* 9 7 8 2 0 1 2 7 2 7 7 7 9 *